BEI GRIN MACHT SICH IHR WISSEN BEZAHLT

- Wir veröffentlichen Ihre Hausarbeit, Bachelor- und Masterarbeit

- Ihr eigenes eBook und Buch - weltweit in allen wichtigen Shops

- Verdienen Sie an jedem Verkauf

Jetzt bei www.GRIN.com hochladen und kostenlos publizieren

Bibliografische Information der Deutschen Nationalbibliothek:

Die Deutsche Bibliothek verzeichnet diese Publikation in der Deutschen National-bibliografie; detaillierte bibliografische Daten sind im Internet über http://dnb.d-nb.de/ abrufbar.

Dieses Werk sowie alle darin enthaltenen einzelnen Beiträge und Abbildungen sind urheberrechtlich geschützt. Jede Verwertung, die nicht ausdrücklich vom Urheberrechtsschutz zugelassen ist, bedarf der vorherigen Zustimmung des Verlages. Das gilt insbesondere für Vervielfältigungen, Bearbeitungen, Übersetzungen, Mikroverfilmungen, Auswertungen durch Datenbanken und für die Einspeicherung und Verarbeitung in elektronische Systeme. Alle Rechte, auch die des auszugsweisen Nachdrucks, der fotomechanischen Wiedergabe (einschließlich Mikrokopie) sowie der Auswertung durch Datenbanken oder ähnliche Einrichtungen, vorbehalten.

Impressum:

Copyright © 2016 GRIN Verlag, Open Publishing GmbH
Druck und Bindung: Books on Demand GmbH, Norderstedt Germany
ISBN: 9783668350847

Dieses Buch bei GRIN:

http://www.grin.com/de/e-book/344975/zugaenge-zur-erwachsenenbildung-und-erwachsenendidaktik

Martina Kellner-Fichtl

Zugänge zur Erwachsenenbildung und Erwachsenendidaktik

GRIN Verlag

GRIN - Your knowledge has value

Der GRIN Verlag publiziert seit 1998 wissenschaftliche Arbeiten von Studenten, Hochschullehrern und anderen Akademikern als eBook und gedrucktes Buch. Die Verlagswebsite www.grin.com ist die ideale Plattform zur Veröffentlichung von Hausarbeiten, Abschlussarbeiten, wissenschaftlichen Aufsätzen, Dissertationen und Fachbüchern.

Besuchen Sie uns im Internet:

http://www.grin.com/

http://www.facebook.com/grincom

http://www.twitter.com/grin_com

Einsendeaufgaben zum Modul EB 0100

„Zugänge zur Erwachsenenbildung"

EB 0110: Porträts und Konzeptionen zur Erwachsenenbildung

EB 0120: Bausteine der Erwachsenendidaktik

EB 0130: Entwicklung der Erwachsenenbildungswissenschaft

Inhalt

Einsendeaufgabe 1 2
Einsendeaufgabe 2 5
Einsendeaufgabe 3 9
Einsendeaufgabe 4 12
Literaturverzeichnis 15

Gender-Hinweis: In meinen Ausführungen verwende ich aus Vereinfachungsgründen sowohl die männliche als auch die weibliche Form abwechselnd. Die jeweils andere Form ist miteingeschlossen.

Einsendeaufgabe 1

Vergleichen Sie die beiden Erwachsenenpädagogik-Konzeptionen von Peter Faulstich und Ekkehard Nuissl. Versuchen Sie dabei insbesondere herauszuarbeiten, ob und inwieweit beide Ansätze unterschiedliche Thesen, Sichtweisen und Zugänge zur Bildung Erwachsener markieren und formulieren Sie kritische Anfragen an beide Konzepte.

Vorerst **vergleiche** ich die beiden Erwachsenenpädagogik-Konzeptionen. Sowohl Nuissl als auch Faulstich betonen, dass Staat und Gesellschaft eine Mitwirkungspflicht haben. Dennoch soll der Erwachsene selbst entscheiden, was er lernen und ob er überhaupt lernen möchte. Hier ist Faulstich die Mitbestimmung des Subjekts sowie das Einbeziehen des Umfeldes der Person sehr wichtig. Bei beiden Theoretikern steht der Erwachsene im Mittelpunkt und seine Mitwelt soll miteinbezogen werden. Ebenso streben beide Theoretiker einen differenzierteren Umgang mit Begriffen und Definitionen im Bereich der Erwachsenenbildung an. Diese sollen genauer „unter die Lupe" genommen und differenzierter dargestellt werden. Für Nuissl und Faulstich ist die organisierte Erwachsenenbildung wichtig, welche mit normativen Gestaltungsansprüchen verknüpft ist (vgl. Arnold, 2010, S. 10-27).

Nun stelle ich die **unterschiedlichen Thesen** dar. Ekkehard Nuissls These besagt, dass es unwahrscheinlich ist, dass sich die „Orientierung des Lerners auf das Angebot und die Ausrichtung des Angebots auf den Lerner", begegnet. Nuissl fragt nach, welche Bedingungen gegeben sein müssen, damit Begegnung zu Stande kommt. Er nennt dies eine „doppelte Suchbewegung".

Nuissl bewertet nicht danach, ob es zur individuellen Entfaltung des Subjekts dient oder der Anpassung an ein vorgegebenes Ziel, sondern er möchte die Praxis der Erwachsenenbildung verändern (vgl. Arnold, 2010, S. 27).

Nuissl ist verbesserungsorientiert, indem er einer der Ersten war, welcher keine Berührungsängste mit Kundenorientierung, Qualitätsmanagement oder Projektmanagement hatte. Er versucht auch den institutionellen Wandel der Weiterbildung im Blick zu haben hin zu einer lernenden Organisation.

Für Faulstich ist das Konzept des professionellen Lernvermittelns zentral. Die pädagogischen Kerntätigkeiten sollen definitorisch zusammengefasst werden. Gelingendes Lernvermitteln ist für Ihn unwahrscheinlich, da die Autonomie des Lernens vordergründig ist. Wichtig ist Faulstich für angehende und bereits Lehrende eine normative und berufsethische Fundierung.

Faulstichs Konzept besagt, dass „die ökonomische Relevanz von Weiterbildung überbetont" wird. Äußerer Zwang und innere Entfaltung des Individuums stehen sich gegenüber. Er sagt, wenn Bildungsangebote nur den gesellschaftlichen Erwartungen entsprechen, so führt dies zur Unterordnung des Lernenden. Faulstich ist die Einbeziehung der jeweiligen Arbeitswelt des Subjekts wichtig, da diese einen großen sinnstiftenden Bereich darstellt, in welchen das Subjekt viel Zeit und Energie investiert. Durch die Verbindung mit der Lebens- und Arbeitssituation des Lernenden können konkretere Bildungsangebote gemacht werden (vgl. Arnold, 2010, S. 10-27).

In folgendem Absatz gehe ich auf die **Sichtweisen** beider Theoretiker ein. Peter Nuissl betrachtet drei Ebenen. Dies sind die Individualebene (Lernende und Lehrende), die Organisationsebene (Institutionen und ihre jeweiligen Angebote) und die systemische Darstellung (bildungspolitischer Zusammenhang). Diese Trias ist miteinander verbunden und beeinflusst sich gegenseitig, so Nuissl. Er besitzt eine prozessorientierte Sichtweise in Bezug auf die Erwachsenenbildung. Sein Ziel ist es, auch wenn es unwahrscheinlich ist laut ihm, eine wirkliche gelingende Begegnung zwischen Lehrendem und Lernendem in einem geordneten/vorbereitetem Rahmen möglich werden zu lassen.

Die Sichtweise von Peter Faulstich lässt sich wie folgt darlegen: Die Erwachsenenbildung soll daran gemessen werden, welchen Beitrag sie für die Entfaltungsmöglichkeit des einzelnen Subjekts im derzeitigen politischen Gefüge leistet. Hier bezieht sich Faulstich auf subjekttheoretische, gesellschaftstheoretische und bildungstheoretische Theorien.

Als nächstes gehe ich darauf ein, welche **Zugänge** zur Erwachsenenbildung beide Theoretiker besitzen. Faulstich besitzt Zugang über den sozialen Konstruktivismus. Er besagt, dass die technische, die praktische und eine reflexive Dimension mitaufgenommen werden müssen. Verknüpft mit Pragmatismus, welcher „eingreifendes Handeln als zentralen Fokus von Wissenschaft betrachtet" (vgl. Arnold, 2010, S. 12).

Nuissl möchte zuerst „(…)den Weg vom Bildungsanlass in den Lehr-Lern-Prozess hinein(…)" (Arnold, 2010, S. 22) nachvollziehen können. Er sieht Lehrende, Lernende und die Institution im Ganzen. Seit einiger Zeit beschäftigt er sich mit der Gestaltung und Entwicklung von Organisationen in der Weiterbildung. Dies ist bei Nuissl biografisch bedingt.

> „Mein spezifischer Zugang lässt sich vielleicht so beschreiben: Ich blieb in der Erwachsenenbildung aus wachsender Begeisterung an der Sache, an dem Lernen erwachsener

Menschen, nicht aber weil dies ein Teilgebiet der Erziehungswissenschaft ist. Mein Interesse ist, die Praxis theoriegeleitet zu befragen und mit vernünftigen und anwendungsorientierter Forschung zu unterstützen." (Arnold, 2010, S. 24)

Abschließend werde ich **kritische Anfragen** an beide Konzepte stellen.

Kritische Fragen an Faulstichs Theorie:

- Wie ist es möglich, dass Peter Faulstich ein „(…) in sich stimmiges Konzept einer kritisch-pragmatischen Erwachsenenpädagogik konstruiert, sich dabei aber andererseits über die Konstruiertheit seines Entwurfes selbst keine Rechenschaft gibt?" (Arnold, 2010, S. 15)
- Ist das bisher bevorzugte Lernen in institutionellem Kontext nicht eher negativ verlaufen?
- Wie kann eine systemische, empirisch fundierte Lerntheorie entwickelt werden, welche hinreichende Begründungen für das Lernen Erwachsener liefert? Ist dies durch Faulstichs Theorie wirklich möglich?
- Zeigen bisherige Formen des Erwachsenenlernens kompetenzbildende Wirkung und Nachhaltigkeit? Woran lässt sich erkennen, dass die neu angedachten Lernformen wirklich kompetenzbildend sind?
- Sind wirklich alle Subjekte in der Lage selbstbestimmt für sich den eigenen Lernweg zu erschließen und das passende Lernangebot aus der Vielzahl an Weiterbildungsangeboten auszuwählen?

Kritische Fragen an Nuissls Theorie:

- Fördert eine Steigerung der Kundenorientierung und die Einführung von Qualitätsmanagement wirklich einen Kompetenzzuwachs beim einzelnen Subjekt?
- Zertifikate sollen als Nachweis und zur Vergleichbarkeit dienen im Rahmen von Qualitätsmanagement. Dienen diese nicht auch als Selektionsinstrument bei Auswahlverfahren und tritt somit die Persönlichkeit des Bewerbers in den Hintergrund bzw. wird vernachlässigt?
- Fördert eine genau geregelte Weiterbildungsorganisation wirklich die Entfaltung/Selbstbestimmung der Persönlichkeit des einzelnen Subjekts?

Einsendeaufgabe 2

Welche Argumente sprechen für die zugespitzte These, die Lehre sei nicht zu retten, welche dagegen? Stellen Sie eine Pro- und Contra-Argumentation zusammen und begründen Sie eine eigene Position, indem Sie sich mit den „Gegenargumenten" auseinandersetzen!

Argumente für die These	Argumente gegen die These
Lehrende haben oft eigene lernkulturelle Erfahrungen abgespeichert wie beispielsweise: Lernen setzt Lehren voraus; Wissen erlangen kann nur in einem institutionellen Rahmen stattfinden; auf diesem Wege Gelehrtes wird schnell wieder vergessen; Lernen soll nicht immer andauern, sondern man möchte damit fertig werden (vgl. Arnold, 2014, S. 22).	Die neuere Didaktik verfolgt nach und nach immer mehr eine Ermöglichungsdidaktik (vgl. Arnold, 2014, S. 21).
Aus Tradition wird oft noch eine Lernkultur erhalten, welche wenig Nachhaltigkeit zeigt (vgl. Arnold, 2014, S. 24).	Die Rolle des Lehrenden hat sich gewandelt – hin zu Lernberatern, welche das Subjekt im Lernprozess begleiten (vgl. Arnold, 2014, S. 23).
Lehrende besitzen noch zu wenig Kenntnis über systemische Zusammenhänge. Zudem ist es noch selten der Fall, dass Lehrende situationsadäquat handeln können (vgl. Arnold, 2014, S. 25).	Die systemisch-konstruktivistische Pädagogik rückt wieder mehr in das Blickfeld. D.h. die „Ich-Kräfte" des Subjekts werden gestärkt. (vgl. Arnold, 2014, S. 24).
Im Hochschulbereich wird noch überwiegend gelehrt durch „vorlesen". Die Orientierung vom Subjekt aus ist noch sehr gering verankert. (eigener Gedanke)	Die didaktische Einflussmöglichkeit auf die Lernenden wird überschätzt. Es wird versucht weniger Fremdsteuerung vorzunehmen und mehr eigenes Tun des Subjekts zuzulassen (vgl. Arnold, 2014, S. 24).
Manche Teilnehmer von Bildungsveranstaltungen wünschen sich vorgefertigte Lösungen und Lernarrangements aus Bequemheit. Sie haben eine andere	Das Konzept der „Interdisziplinären Vermittlungswissenschaft" von Gabi Reimann versucht gegen die aufgestellte These zu sprechen. Dies gelingt ihr nur

Erwartungshaltung. Diese bauen auf „herkömmliche Vermittlungswege." (eigener Gedanke)	ansatzweise. Sie versucht den Begriff der Vermittlung neu zu begründen. (vgl. Arnold, 2014, S. 29f).
Viele Bildungsangebote sind „überorganisiert" (verwaltungslastig) so dass für das „Vermitteln" von Wissen, geschweige denn für individuelle Lernwege der Subjekte zu wenig Ressourcen übrig bleiben-wie beispielsweise ausreichend Zeit zur Reflexion von Lernwegen. (eigener Gedanke)	Der Zugang zur Bildung wird erleichtert-beispielsweise durch E-learning Angebote und neue Lerndienstleistungen (vgl. Arnold, 2014, S. 32).
Viele Lernende sind es durch ihre bisherigen Lernerfahrungen (unser Schulsystem) nicht gewöhnt, eigenständig ihren Lernprozess zu gestalten. An die Ermöglichungsdidaktik muss erst herangeführt werden (eigener Gedanke)	Nicht mehr nur der Inhalt ist Schwerpunkt sondern die individuelle Unterstützung des Lernenden, welcher sich in einem speziellen Themengebiet auf seinem individuellen Wege weiterbilden will (vgl. Arnold, 2014, S. 32).
	Neuere erwachsenenpädagogische Diskussionen zeigen, dass mehr Wert gelegt wird auf „Informelles Lernen" welches nahe an der Lebens- und Arbeitswelt des Subjekts ansetzt (vgl. Arnold, 2014, S. 35).
	Lernende können ihre eigenen Handlungskompetenzen nur selbst verändern-Konstruktivistische Didaktik (vgl. Arnold, 2014, S. 36).
	Die Metakognitive Bildungsarbeit rückt in den Focus der Erwachsenenbildung. Der individuelle Lernprozess des Individuums wird stärker unter die Lupe genommen und eigenverantwortlich von ihm gestaltet (vgl. Arnold, 2014, S. 36).
	Trends vom „Input zum Outcome" gewinnen mehr und mehr an Bedeutung. Hier ist der

	Erwachsenenbildungsbereich auf einem guten Wege, da sich dieser wohl am Leichtesten daran gewöhnt, dass Belehren vollständig aufzugeben (vgl. Arnold, 2014, S. 36).

Nun erfolgt eine Auseinandersetzung mit den Gegenargumenten/meiner eigenen Position.

Ich denke, dass die These, die Lehre sei nicht zu retten in Teilbereichen übertrieben ist. Gerade im Erwachsenenbildungsbereich, welcher sich mehr als der Hochschulbereich an der Lebens- und Arbeitswelt der einzelnen Subjekte orientiert, ist diese These nicht 100prozentig zu vertreten. Sowohl die berufliche Erstausbildung junger Menschen als auch Bildungsangebote für Menschen, welche sich im Arbeitsprozess befinden werden oft sehr praxisbezogen dargelegt. Es werden praktische Probleme aus dem Alltag in Gruppenarbeit bearbeitet und gemeinsam nach möglichen Lösungen gesucht sowie anschließend der Weg bis zur Lösung reflektiert – ebenso auch die Gruppenprozesse, welche stattgefunden haben. Außerdem ist nicht nur Fachwissen gefragt sondern grundlegende Qualifikationen wie personale und soziale Fähigkeiten sind ebenso wichtig. Dies ist durch die Umgestaltung der Lehre hin zu einer Ermöglichungsdidaktik machbar. Warum sollte die Lehre nicht in der Lage sein sich auf die stetig wandelnde Zeit einzustellen. Wer komplexe theoretische Inhalte „vermitteln" kann, dem ist es auch zuzumuten, sich Gedanken über die Einführung und Umsetzung einer Ermöglichungsdidaktik zu machen. Dadurch kann die Lehre dann auch Fähigkeiten wie Kooperationsbereitschaft, Kommunikationstechnik, Phantasie und Verantwortungs- bereitschaft anregen/fördern. Auch wird immer mehr darauf geachtet, den Raum dementsprechend zu gestalten um individuelle Entwicklung und individuelle Methodenvielfalt zuzulassen. Indem beispielsweise Sitzordnungen angeboten werden, welche aktive Gruppenarbeit sowie Rückzugsmöglichkeiten für Einzelarbeit zulassen. Das Prinzip des vorbereiteten Raumes, welcher beispielsweise durch technische Ausstattung und Materialien eigenes entdecken und vertiefen von Inhalten ermöglicht. Hierbei habe ich erlebt, dass die Teilnehmer von Fort- und Weiterbildungsangeboten nicht nur belehrt sondern begleitet wurden indem ihnen nicht gleich eine Lösung vorgegeben, sondern diese gemeinsam im Team mit Hilfe des Lerncoaches, welcher bei Fragen zur Seite stand, erarbeitet wurde. Methoden wie Erfahrungsorientiertes Lernen (EOL) wurden angewendet und der Transfer des Gelernten in die „reale Welt" vorgenommen. Ebenso spricht gegen die These, dass nicht der

Inhalt das Wichtigste ist, sondern das, was beim Subjekt hängen bleibt. Und dies ist unabhängig davon, wie es vermittelt wurde sondern hängt sehr viel von den bisherigen Deutungsmustern des einzelnen Subjekts ab. Welche Erfahrungen der Erwachsene bisher in seinem Leben gesammelt hat und ob er auf bereits vorhandenes Basiswissen zurückgreifen und neues Wissen passend hinzu integrieren kann. Ebenso spricht gegen die These, dass auch an den Hochschulen nach und nach mehr Möglichkeiten für praktisches Forschen eingerichtet werden und nicht nur Vermittlung durch vorlesen stattfindet. Es werden beispielsweise Labore und Technikräume ausgebaut. Auch wird häufiger versucht die Studierenden in die Erarbeitung von Problemstellungen miteinzubeziehen und dazu angeregt, den Lernprozess an sich zu reflektieren und daraus für spätere ähnliche Situationen zu profitieren. Dennoch ist dies im Hochschulbereich noch sehr ausbaufähig. Erste positive Schritte in Richtung einer Ermöglichungsdidaktik sind zu erkennen. Durch neue Lernangebote und Zugangswege wie E-learning, blended learning… wird der Zugang zur Bildung auch Personen ermöglicht welche evtl. örtlich und zeitlich nicht so mobil sind, oder sich bewusst für einen anderen Lernweg entschieden haben, welcher zu ihrer derzeitigen Lebensgestaltung passt. Dies ist meines Erachtens ein großer Gewinn, da auch hier die Selbstbestimmung des eigenen Lernens des Subjekts zum Ausdruck kommt. Hier zeigt sich auch, dass nicht die Art der Vermittlung sondern der individuelle Lernprozess/-weg des Subjekts und die Kompetenzentwicklung im Vordergrund stehen und nicht das Lehren.

Einsendeaufgabe 3

Ordnen Sie das Verständnis von Erwachsenenbildung/Weiterbildung der Definition von Lebenslangem Lernen zu. Gehen Sie dabei von Ihrer Praxis aus und vergleichen Sie dieses erarbeitete Verständnis mit den Definitionen im Studienbrief.

Die Erwachsenenbildung besagt, dass es sich um erwachsene Menschen handelt, welche im Leben stehen, eine Erstausbildung abgeschlossen und Erfahrung sowie Wissen aus dem alltäglichen Leben besitzen (individuelle Deutungsmuster) und sich Weiterqualifizieren möchten. 1960 hat der Deutsche Ausschuss für das Erziehungs- und Bildungswesen eine klassische Definition von Erwachsenenbildung vorgenommen. 1970 wurde durch den Deutschen Bildungsrat der Begriff Erwachsenenbildung unter den Begriff Weiterbildung geordnet. Diese ist wie folgt definiert:

„Weiterbildung umfasst Fortbildung, Umschulung und Erwachsenenbildung. Sie ergänzt die herkömmlichen geschlossenen Bildungsgänge und setzt sie unter nachschulischen Bedingungen fort. Zugleich versucht sie, das Bildungssystem von dem sozialen Druck zu entlasten, der sich aus unbefriedigten Bildungsbedürfnissen und -forderungen ergibt. Weiterbildung kann sich nicht auf einen Funktionszusammenhang mit technischem Fortschritt beschränken und verengen. Sie zielt vielmehr darauf, den Menschen zur bewussten Teilhabe und Mitwirkung an den Entwicklungs- und Umformungsprozessen aller Lebensbereiche zu befähigen und ihm dadurch die Entfaltung seiner Person zu ermöglichen " (Gieseke, 2013, S. 4 nach vgl. Deutscher Bildungsrat 1970, S. 43ff).

Weiterbildung ist ein weitergefasster Bereich, welcher auch das frühere organisierte Lernen aus dem schulischen Bereich beinhaltet. Die Kultusministerkonferenz hat diese Definition 2001 um die Selbststeuerung des Subjekts erweitert.

Vergleich zu meiner beruflichen Praxis/Ausgangssituation: Ich unterrichte an der Akademie für Heilpädagogik in Regensburg, welche sich in der Trägerschaft der katholischen Jugendfürsorge der Diözese Regensburg befindet. Der Weiterbildungsbegriff ist hier sehr passend, da unsere Studierenden alle eine schulische Grundausbildung (mittlere Reife oder meist Fachabitur) und eine berufliche Erstausbildung (überwiegend Erzieherin, Heilerziehungspfleger) besitzen. Sie absolvieren bei uns eine nachschulische Weiterbildung. Da unsere Studierenden im Alter zwischen circa 23-50 Jahre sind, besitzen sie, je nach Alter, mehr oder weniger Erfahrungen im alltäglichen Leben. Viele haben bereits eine Familie gegründet, stehen in einem Arbeitsverhältnis und Studieren in Teilzeit Heilpädagogik. Der

Begriff Lebenslanges Lernen beinhaltet noch mehr das selbstgesteuerte Lernen. Im Sinne des selbstgesteuerten Lernens, werden bei uns an der Akademie Vorleistungen der Studierenden geprüft und evtl. anerkannt. Beispielsweise aus der Fortbildung zur Autismusfachkraft oder auch aus selbst angeeignetem Wissen. Dies wird vorher nachgeprüft und evtl. anerkannt. Dieses Fach muss der Studierende dann nicht mehr belegen. Ebenso gibt es die Möglichkeit in zwei Jahren Vollzeit oder vier Jahren Teilzeit zu studieren und nebenher zu arbeiten. Dies nutzen vor allem ältere Studierende, welche bereits eine Familie gegründet haben und weiterhin auf finanzielle Einkünfte angewiesen sind.

Weiterbildung soll bewusste Teilhabe und Mitwirkung ermöglichen. Dies ist an unserer Akademie sehr gut zu erkennen. Derzeit beispielsweise durch die aktive Auseinandersetzung der Studierenden mit dem Thema „Inklusion in der Gesellschaft." Wie lässt sich Inklusion praktisch umsetzen? Die Studierenden sind bemüht „Umformungsprozesse" in Richtung einer „inklusiven Gesellschaft" mitzugestalten. Gleichzeitig werden Sie hierdurch ihren eigenen Horizont erweitern und eigene Werte und Normen überdenken. Somit kommt es auch zu einer persönlichen Reifung und dient der Entfaltung der Persönlichkeit, welche auch im Weiterbildungsbegriff beinhaltet ist.

Im Bereich der Erwachsenenbildung/Weiterbildung gibt es die meisten Programme für Lebenslanges Lernen. Zum Bereich Lebenslanges Lernen gehören die frühkindliche Bildung, die Schulbildung sowie die Weiterbildung. Lebenslanges Lernen ist also über die gesamte Lebensspanne verteilt. Durch den Stellenwert des selbstgesteuerten Lernens hat die Bedeutung der Weiterbildung im Lebenslangen Lernen zugenommen. In den 1990er-Jahren wurde das Konzept des Lebenslangen Lernens neu ausgelegt (vgl. Gieseke, 2013, S. 8).

> „Zu dieser Haltung gehört aber nicht nur die Fähigkeit und Bereitschaft zum Weiter-Lernen, sondern auch die Fähigkeit, mit der Vielfalt an Informationen umzugehen. Außerdem bedürfe es der Kompetenz, Problemsituationen zu analysieren und Lösungsvorschläge zu entwickeln. Diese Fähigkeiten habe das Individuum sich vor dem Hintergrund seiner individuellen Voraussetzungen und der konkreten sozialen Anforderungen selbst anzueignen" (OECD 1996, S. 89 in Gieseke, 2013, S. 8).

Um allen Menschen den Zugang zum Lebenslangen Lernen zu ermöglichen, bedarf es auch staatlicher und ökonomischer Unterstützung. Das Lernen wird neu eingeordnet und die ganze Gesellschaft als verantwortlich für das Lebenslange Lernen herangezogen. Es ist zu erkennen, dass Lebenslanges Lernen eine Entgrenzung erfährt und neue Begriffe wie Kontext, Koordinierung… auftauchen. Lebenslanges Lernen ist somit überall möglich (vgl. Gieseke,

2013, S. 9). Dies bedeutet, dass auch Wissen, welches auf informellem Wege erworben wurde anerkannt wird. Dies wird bei uns an der Akademie - wie oben bereits erwähnt - praktiziert indem Wissen aus vorhergehenden Weiterbildungen anerkannt werden kann. Dies gestaltet sich nicht immer einfach, da es schwer ist eine Vergleichbarkeit von Wissen herzustellen und dementsprechend Creditpoints zu vergeben. Dies ist bei uns an der Akademie wichtig, da Studierende im Anschluss an das Studium der Heilpädagogik in das Hauptstudium der Sozialen Arbeit an der Ostbayerischen Technischen Hochschule (OTH Regensburg) einsteigen können. Es besteht eine Kooperation mit der OTH Regensburg. Hier müssen Leistungen also vergleichbar gemacht werden um entscheiden zu können, welche Lehrveranstaltungen unsere Studierenden im späteren Studium der Sozialen Arbeit nicht mehr besuchen müssen. Lebenslanges Lernen wird also unterschiedlich definiert. Hierbei gibt es auch Kritiker welche besagen, dass das Individuum immer mehr dazu genötigt wird, dem gesellschaftlichen Anpassungsdruck stand zu halten. Das Subjekt also nicht mehr freiwillig aus Interesse oder eigenem Antrieb sich weiterbildet, sondern um im Arbeitsleben bestehen zu können. Dies ist bei uns an der Akademie teilweise auch zu erkennen. In jedem Jahrgang werden ca. 1/4 der Studierenden von ihren Arbeitgebern „geschickt" bzw. es wird ihnen „ans Herz" gelegt sich weiterzubilden um ihre jeweiligen Arbeitsstellen zu sichern. Die Freiwilligkeit ist hier mit einem subtilen Zwang seitens des Arbeitgebers verbunden und mit der Angst um den Verlust des Arbeitsplatzes.

Einsendeaufgabe 4

Was wissen Sie über das Partizipationsverhalten der Bürgerinnen an Weiterbildung, wenn Sie Befunde aus dem Monitoring der Bildungsberichte lesen? Was können Sie daraus lesen, wenn Sie diese Befunde für Ihre Praxis reflektieren?

Zu den Befunden aus dem Monitoring (Monitoring ist eine systematische Datenerfassung in Bezug auf die Weiterbildung.) der Bildungsberichte gehören die Volkshochschulstatistik des Deutschen Instituts für Erwachsenenbildung (DIE) und das Berichtssystem Weiterbildung (BSW). Bei der VHS findet eine jährliche Vollerhebung folgender Daten statt: institutionelle Merkmale, Finanzierung, Personal und Veranstaltungsdaten. Beim BSW findet alle drei Jahre eine Erhebung zur Weiterbildungsbeteiligung statt. Hierbei wird das Weiterbildungsverhalten der Menschen im Alter von 19 bis 64 Jahren unter die Lupe genommen (vgl. Gieseke, 2013, S. 15f). Im AES wird der Weiterbildungsbereich in vier Veranstaltungsarten unterteilt. Wobei der genau aufgewendete Zeitfaktor noch genauer bestimmt werden muss. Denn derzeit gilt als Weiterbildungsteilnehmer, wer in den letzten zwölf Monaten an mindestens einer Weiterbildung teilgenommen hat – egal ob diese einen halben Tag oder drei Tage oder über 12 Monate angedauert hat. Hierdurch wird die Teilnahme an Weiterbildung als zu hoch eingeschätzt. Ziel ist es bis 2015 die Beteiligung an Weiterbildung von 43 auf 50 Prozent anzuheben. Rosenbaldt gibt zu bedenken, dass es imense Unterschiede im „Niveau der Weiterbildungsbeteiligung zwischen den Ländern" gibt. So liegt die Teilnahmequote in Deutschland bei 43% und in Ungarn beispielsweise bei 7%. Wenn auf die Dauer der einzelnen Lernaktivitäten geschaut wird ist jedoch zu erkennen, dass in Deutschland nur 39 Stunden und in Ungarn bei geringerer Teilnahmequote jedoch 95 Stunden pro Lernaktivität investiert werden. Es ist also nicht das passende Instrument um die Beteiligung an Weiterbildung aussagekräftig einzuschätzen (vgl. Eurostat, AES 2007, von Rosenbaldt 2009b) (von Rosenbaldt 2010, S. 37 in Gieseke, 2013, S. 21)

Die Teilnahmequote hat sich laut Berichtssystem Weiterbildung (BSW)/Adult Education Survey (AES) zwischen 1979 von 23% bis 1997 auf 48% erhöht. Seit 2000 bis 2007 hat sie sich auf 40 Prozent festgesetzt (vgl. Gieseke, 2013, S. 17).

Das Partizipationsverhalten der Bürger hängt auch von bestimmten Begrenzungen ab, so Weinrauch.

„So ist in den Regionen die jeweilige Wirtschafts-, Verkehrs- und Bevölkerungsstruktur zu berücksichtigen.

Der Aufwand für Regionen mit niedriger Partizipation ist größer als unter Bedingungen mit gut erreichbaren Veranstaltungsorten und einer hohen Akzeptanz der Weiterbildung. Inhaltliche Gewichtungen sind wichtig, um konzeptionelle Fehlentwicklungen, die nur aufgrund von Kennziffern erfolgen, auszugleichen" (Gieseke, 2013, S. 22 aus vgl. Weinrauch, 2010, S. 40f.).

Wenn ich diese Befunde für meine Praxis reflektiere so kann ich feststellen, dass es wichtig ist, dass die Akademie für Heilpädagogik in Regensburg örtlich und mit öffentlichen Verkehrsmitteln gut erreichbar ist. Die Bevölkerungsstruktur in Regensburg ist durch die Universität und vielfältige kulturelle Veranstaltungen geprägt. Ebenso ist Regensburg durch eine Wirtschaft geprägt, welche sich aktiv an Bildung, sowohl durch Kooperationen mit Hochschulen und Akademien, als auch durch finanzielle Unterstützung der Einrichtungen zeigt. Unsere Akademie kooperiert beispielsweise mit der Ostbayerischen Technischen Hochschule in Regensburg sowie mit einer Vielzahl an sozialen und pädagogischen Einrichtungen in und um Regensburg, da die Studierenden ihre praktischen Förder-/Therapiestunden dort absolvieren. Hier ist zu erkennen, dass örtlich abgelegene und mit öffentlichen Verkehrsmitteln schwer erreichbare Einrichtungen seltener für das Praktikum ausgewählt werden. Unser Konzept an der Akademie beinhaltet Schwerpunktmäßig die heilpädagogische Beziehungsgestaltung und ganz aktuell die Inklusionsbemühungen.

Zeuner/Faulstich sprechen von einer „doppelten Selektivität". Sie haben festgestellt, dass Personen mit höheren Bildungsabschlüssen und guten Arbeitsplätzen häufiger an Weiterbildung teilhaben. Folgende Selektionsmechanismen zählen Sie auf: Demographische Faktoren, Bildungsstand, Berufliche Qualifikation, Berufliche Position, Betriebsgröße, Erwerbstätigkeit und das Geschlecht (vgl. Gieseke, 2013, S. 18).

In Bezug auf meine Praxis kann ich daraus lesen, dass die „doppelte Selektivität" an der Akademie vorhanden ist. Ein Großteil unserer Studierenden besitzt mit der mittleren Reife, fachgebundenen Hochschulreife oder allgemeinen Hochschulreife einen höheren Bildungsabschluss. Derzeit sind auch drei Studierende vertreten, welche bereits ein Studium an einer Hochschule erfolgreich abgeschlossen haben. Viele unserer Teilnehmer sind mit ihrem Arbeitsplatz zufrieden oder haben eine Gruppenleiterstelle inne. Ebenso sind viele Studierende bis ca. 30 Jahre vertreten. Ab 30-50 Jahre werden es weniger Studierende (Demographie). Die Berufliche Qualifikation kann ich an unserer Akademie nicht beurteilen, da eine Erstausbildung Voraussetzung für die Aufnahme an die Akademie ist. Alle

Studierenden haben eine Erstausbildung. Daraus ist aber auch zu schließen, dass Personen ohne Erstausbildung unser Studium versagt bleibt. Personen ohne Erstausbildung haben also nicht so vielfältige Weiterbildungsmöglichkeiten wie Personen mit Erstausbildung. Circa die Hälfte unserer derzeitigen Studierenden hat eine leitende Position, beispielsweise als Kindergartenleitung, Gruppenleitung… inne. Dies ist jedoch von Jahrgang zu Jahrgang sehr unterschiedlich. Es gibt immer wieder Jahrgänge in denen wenig Studierende mit Leitungspositionen betraut sind. Für diese ist es Motivation, zukünftig eine leitende Funktion zu besetzen. Den Punkt leitende Angestellte nehmen häufiger an Weiterbildung teil kann ich also in Bezug auf die Fachakademie nicht hundertprozentig bestätigen. Studierende, welche zum Beispiel bei der Lebenshilfe als Arbeitnehmer tätig sind, werden für einen Teil des Unterrichts freigestellt oder durch passende Schichtpläne wird auf die zeitliche Studieneinteilung Rücksicht genommen. Dies ist in einer größeren Einrichtung natürlich leichter zu organisieren als in einem kleinen Kindergarten mit fünf Erziehern. Auch finanzielle Unterstützung durch Übernahme der Studienkosten von Seiten der Arbeitgeber ist möglich. Eine volle Übernahme der Studienkosten erhält bei uns an der Akademie fast kein Studierender. Jedoch gibt es ab und an eine anteilige Kostenübernahme von Seiten des Arbeitgebers. Vor allem dann, wenn dieser es zur Arbeitsplatzsicherung und zur Qualitätserhöhung mehr oder weniger verpflichtend von seinem Angestellten verlangt. Der Punkt Nichterwerbs- tätige/Arbeitsuchende nehmen seltener an Weiterbildung teil ist logisch. Viele Weiterbildungsveranstaltungen müssen die Teilnehmer selbst finanzieren. Wer arbeitssuchend ist wird finanziell betrachtet eventuell nicht die notwendigen Mittel aufbringen können oder wollen. Evtl. sieht er derzeitig auch nicht den Sinn darin wie Jemand, der im Beruf aktiv ist und sich gezielt weiterbildet. Die Geschlechterverteilung bei uns an der Akademie sieht wie folgt aus: circa 90% Frauen und 10% Männer – sowohl bei den Studierenden als auch beim Lehrpersonal. Dies liegt meines Erachtens vor allem daran, da das Studium der Heilpädagogik eine pädagogische Weiterbildung darstellt.

Literaturverzeichnis

Arnold, R.: Porträts und Konzeptionen zur Erwachsenenbildung. 2., aktualisierte und überarbeitete Auflage. Kaiserslautern 2010.

Arnold, R.: Bausteine der Erwachsenendidaktik. 1. Auflage. Kaiserslautern 2014.

Gieseke, W.: Entwicklung der Erwachsenenbildungswissenschaft. 3. Überarbeitete und aktualisierte Auflage. Kaiserslautern 2013.

BEI GRIN MACHT SICH IHR WISSEN BEZAHLT

- Wir veröffentlichen Ihre Hausarbeit, Bachelor- und Masterarbeit

- Ihr eigenes eBook und Buch - weltweit in allen wichtigen Shops

- Verdienen Sie an jedem Verkauf

Jetzt bei www.GRIN.com hochladen und kostenlos publizieren